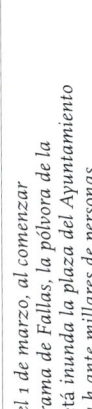

Desde el 1 de marzo, al comenzar el programa de Fallas, la pólvora de la mascletà inunda la plaza del Ayuntamiento a las 14 h ante millares de personas.

MUSEO HISTÓRICO MUNICIPAL

Ocupa la parte más antigua del Ayuntamiento, perteneciente a la iglesia de Santa Rosa de Lima.

Reúne símbolos de la ciudad, como la *senyera* (bandera) y el pendón de la conquista, junto a planos antiguos y los *fueros* (costumbres) que regulaban la vida ciudadana. ➊

TEATRO OLYMPIA
Vicente Rodríguez Martín

Situado en el espacio interior de un conjunto residencial de calidad, fue levantado en el nuevo centro de la ciudad en 1914 sobre las ruinas del convento de San Gregorio. ➋

PALACIO DE LAS COMUNICACIONES
Miguel Ángel Navarro Pérez

Monumental conjunto arquitectónico, homenaje al progreso de las comunicaciones, inaugurado en 1923. Destaca la sala oval de estilo jónico, iluminada por una gran bóveda de cristal diseñada por los hermanos Maumegean. También la esbelta torre metálica, rematada por una esfera armilar. En un lateral, servicio postal de Correos.

Los *fueros* de Valencia

FLORES

Durante todo el año y a cualquier hora, se pueden comprar flores en los numerosos puestos de la plaza del Ayuntamiento.

EDIFICIO RIALTO
Cayetano Borso di Carminati

Edificio construido en los años treinta, de estilo racionalista con influencias art decó. Sede de la Filmoteca y del Centro Teatral de la Generalitat Valenciana. Imprescindible para conocer las últimas producciones del teatro valenciano. Se estrenó como cine para 1.400 espectadores.

Carril bici

Valencia dispone de más de 156 km de carriles para bicicleta totalmente llanos.

Poeta Querol

Sant Francesc · Mercat · La Seu · La Xerea

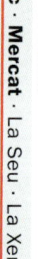

▲ Escudo fallero, en la Plaza Lope de Vega

PLAZA REDONDA

Salvador Escrig

Inaugurada en 1840 para reunir en un único espacio urbano los puestos de venta de pescado, carne y productos de la huerta, antes distribuidos por las pequeñas calles del entorno de La Lonja. Representa a una pequeña plaza de toros ocupada por viviendas y comercios tradicionales donde comprar artesanía, confección popular y souvenirs. Dispone de cuatro entradas situadas en los puntos cardinales.

OCTUBRE

Centro de cultura contemporánea, que ha rehabilitado los antiguos almacenes *El Siglo Valenciano*, en la calle San Fernando, 12.

Monumento al novelista Blasco Ibáñez, en la Plaza dels Porxets, realizado por Nassio Bayarri.

PASAJE RIPALDA
Joaquín María Arnau

Galería comercial y de viviendas de 1889, cubierta por una bóveda de acero y cristal. Imitó, a pequeña escala, el éxito en Milán de las galerías Vittorio Emmanuele.

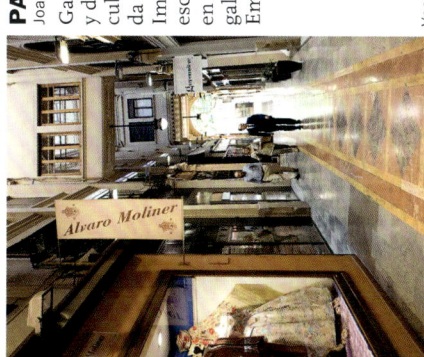

Vestido tradicional ▶

CALLE DE LAS CESTAS

Es el nombre popular de la calle Músico Peydró donde se concentran tiendas tradicionales de muebles y otros objetos de mimbre, paja, junco, madera etc. Otros oficios artesanos (sombreros, herreros...) están también representados en este barrio del Mercat.

EDIFICIO ALMENAR
Francisco Almenar Quinzá

Espectacular edificio de estilo casticista (c/ San Vicente, 16), que acoge viviendas, oficinas y comercios.

IGLESIA DE SAN MARTÍN

Templo perteneciente al primer gótico, con una importante intervención en el siglo XVIII. En la fachada de la calle San Vicente presenta un importante conjunto escultórico del flamenco Pierre de Béckere.

▼ Escultura de Pierre de Béckere

MERCADO CENTRAL

Francesc Guàrdia, Alexandre Soler y Enrique Viedma

Monumental obra del modernismo valenciano construida entre 1914 y 1928. Más de 8.000 m² dedicados a satisfacer los placeres del paladar; 300 puestos de venta de productos frescos destinados al consumo doméstico y a la hostelería. La venta del pescado se ofrece en una lonja especial. Impresionante cúpula de metal y vidrio, con elementos cerámicos, como si fuera una catedral pagana del comercio minorista

Poeta Querol · Sant Francesc · **Mercat** · La Seu · La Xerea

El bocadillo de atún con aceitunas y una cerveza es el almuerzo típico en el Mercado.

¿Sabías que...?

La cotorra del Mercat es el nombre popular del ave representada en la veleta principal del edificio.

En los puestos exteriores del Mercado se venden paelleras de todos los tamaños.

LA LLOTGETA

Edificio anexo al Mercado construido en ladrillo rojo al estilo centroeuropeo. Hoy es sede de conferencias y exposiciones.

EDIFICIO MORA
Francisco Mora

En 1907 el arquitecto modernista construyó este estrecho bloque (calle Ramilletes, 1) de comercio y viviendas con una ornamentación alegórica a la tierra fértil, mezclada con tópicos neogóticos.

IGLESIA DE LOS SANTOS JUANES

Parroquia de origen gótico, renovada a fondo en el siglo XVIII, con impresionantes frescos de Palomino sobre el Apocalipsis. La gran fachada de la cabecera cuenta con una plataforma y, debajo, pequeñas cuevas para artesanos.

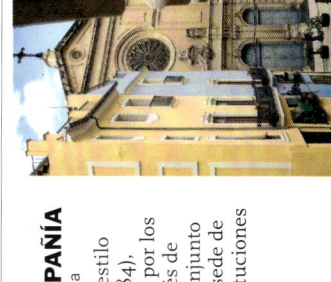

IGLESIA DE LA COMPAÑÍA
Joaquín María Belda

Construida en estilo historicista (1884), está gestionada por los jesuitas, después de haber sido el conjunto arquitectónico sede de diferentes instituciones civiles.

La Lonja forma parte del Patrimonio Mundial
de la UNESCO desde el 7 de diciembre de 1996.

LA LONJA
Pere Compte

Este conjunto patri-
monial de estilo gótico
representa el esplen-
dor mercantil de la
Valencia del siglo XV.
Albergó el primer banco
valenciano, llamado
la *Taula de Canvis*
(Mesa de cambios), y
el primer tribunal del
comercio marítimo.
Gárgolas antropomorfas
y zoomorfas, esculturas
y medallones hablan de
la simbología y fantasías
medievales impulsadas
por los maestros cons-
tructores.

SALÓN
DE COLUMNAS

La sala de contratación
está presidida por 24
columnas helicoidales
que se abren como si
fueran palmeras al llegar
a la cubierta. Entre ellas
se situaban mesas y
taburetes marcadas con
el nombre del propietario
que ejecutaba las compra-
ventas. En la parte alta
hay inscripciones escritas
en latín que recomiendan
al comerciante no ser
usurero en los negocios.

Las gárgolas y máscaras exteriores de este edificio gótico representan personajes fantásticos y obscenos, difíciles de ver desde la calle por situarse a gran altura.

LA TORRE

Cuerpo central del conjunto arquitectónico, destinado a cárcel de mercaderes en quiebra. Su interior está comunicado por una espléndida escalera de caracol de 142 escalones adosados al muro circular.

PATIO DE LOS NARANJOS

Recogido jardín interior con una fuente central, que permite el acceso por una escalera a la sede del Consulado.

CONSULADO DEL MAR

Sede del tribunal que regulaba el pujante comercio marítimo de la época. El salón principal luce en el techo el artesonado de la antigua Casa de la Ciudad.

Poeta Querol 🔜 Sant Francesc · Mercat · **La Seu** · La Xerea

EL CENTRO A PIE

Ciutat Vella *permite realizar paseos a pie cómodos y agradables. Es el gran distrito del centro histórico, formado por los cinco barrios más antiguos.*

EL MIGUELETE
Pere Balaguer y otros

Iniciado en 1381 y símbolo de la ciudad gótica, es el mayor campanario de la Valencia medieval. Una escalera de 207 peldaños conduce a la terraza superior situada a 51 m de altura. Doce campanas despiertan a la ciudad.

❶

PUERTA DE LOS HIERROS
Conrado Rodulfo y Francisco Vergara

Puerta barroca de la catedral construida entre 1703 y 1741 al estilo de Bernini. Consta de secciones curvadas para acentuar el dramatismo de las esculturas.

PLAZA DE LA REINA

Remodelada recientemente según el proyecto del arquitecto José María Tomás, marca la transición urbana entre la ciudad antigua y la del siglo XIX.

De ser una amplia rotonda de coches y autobuses ha pasado a transformarse en amplio espacio peatonal con capacidad de acoger eventos y manifestaciones festivas. Los árboles y toldos desmontables no tapan la bella panorámica de la Catedral y El Miguelete.

Otros elementos a destacar: infinidad de asientos sobre bancos de piedra blanca; rieles del antiguo tranvía; escultura de Rafael Guastavino, arquitecto valenciano, autor de las bóvedas de Nueva York; zona de juegos interactivos.

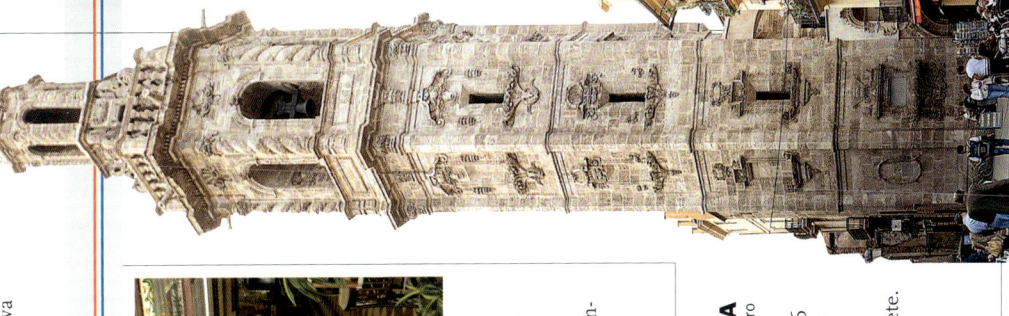

El escritor francés Víctor Hugo describió Valencia como la ciudad de las torres campanarios.

La horchata es un refresco muy popular derivado de la chufa, que se cultiva en Alboraya todo el año.

EDIFICIO SÁNCHEZ DE LEÓN

Lucas García Cardona

En la calle Santa Catalina, muestra arquitectónica de edificio burgués (1896-1909), con locales en la planta baja de intensa vida comercial.

▲ *Horchatería Santa Catalina*

HORCHATERÍAS

En *Santa Catalina*, sobre antiguas mesas de mármol, se toma en verano horchata con "fartons" y leche merengada; y todo el año, chocolate con buñuelos. Diversos murales cerámicos ilustran costumbres, hechos históricos y monumentos valencianos.

LA ISLA DE CUBA

Lucas García Cardona

El edificio Monforte (plaza de la Reina, 5), con una preciosa ornamentación de motivos helenísticos, albergó los antiguos almacenes de confección *La Isla de Cuba* (1895).

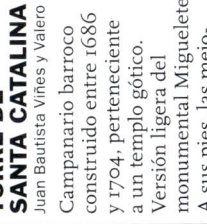

TORRE DE SANTA CATALINA

Juan Bautista Viñes y Valero

Campanario barroco construido entre 1686 y 1704, perteneciente a un templo gótico. Versión ligera del monumental Miguelete. A sus pies, las mejores chocolaterías de Valencia.

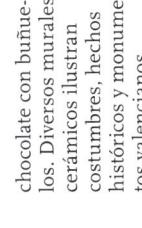

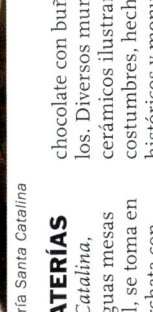

¿Sabías que...?

El Santo Grial, buscado legendariamente por los caballeros de la Mesa Redonda, está desde 1437 en la catedral. Gracias al linaje de los Borja, que situaron dos papas valencianos en el Vaticano, la catedral conserva otras reliquias muy importantes.

CATEDRAL

Es el gran monumento religioso de la ciudad. Cuatro siglos y medio de obras, ejecutados en tres estilos: románico, gótico y barroco, sobre los restos de la antigua mezquita. Pinturas de Goya y un inventario de lujo en el Museo Catedralicio. Cada puerta del templo corresponde a uno de esos tres estilos, ilustrativo de las tres etapas constructivas. ❶

PUERTA DE LOS APÓSTOLES

Cada jueves a las 12 h, el Tribunal de las Aguas se reúne desde hace 1.000 años en la puerta gótica de los Apóstoles de la Catedral para resolver conflictos relacionados con el agua de riego agrícola. La huerta valenciana está regada por ocho largas acequias, creadas por los árabes.

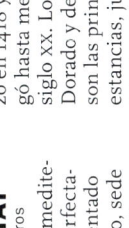

La fuente de Neptuno, en la plaza de la Virgen, es un homenaje a la red de acequias creada por los árabes para regar la huerta.

La construcción comenzó en 1418 y se prolongó hasta mediados del siglo XX. Los salones Dorado y de Cortes son las principales estancias, junto al patio interior.

PALAU DE LA GENERALITAT
Pere Compte y otros

El gótico civil mediterráneo está perfectamente representado en este edificio, sede oficial del presidente de la Comunidad Valenciana.

PLAZA DE LA VIRGEN

Espacio peatonal cuyos edificios concentran las instituciones del poder religioso y civil. Sobre las ruinas del ayuntamiento medieval se levanta la Generalitat. Enfrente, la sede de la Virgen de los Desamparados y la catedral. Las celebraciones más populares del calendario anual llenan la plaza de fiesta, gentes y flores.

CRIPTA DE SAN VICENTE MÁRTIR

Restos visigodos para mantener viva la memoria del primer mártir valenciano bajo dominio de Roma.

PALACIO ARZOBISPAL
Vicente Traver

Situado en el centro religioso de Valencia, sustituyó en 1941 al antiguo que se incendió en 1936. De estilo neobarroco con matices sevillanos, es la residencia del arzobispo, que puede llegar a la catedral por un característico puente construido en la calle Barchilla.

Poeta Querol
Sant Francesc · Mercat · **La Seu** · La Xerea

1 Museo de la Ciudad
Plaza del Arzobispo, 3
Conserva las principales colecciones artísticas del Ayuntamiento.

BASÍLICA DE LA VIRGEN DE LOS DESAMPARADOS

Diego Martínez
Ponce de Urruana

El fervor popular mantiene viva la devoción a esta virgen medieval, patrona de Valencia. La talla se presenta cubierta de joyas donadas, larga cabellera y rostro bizantino. El templo, de planta oval y construido entre 1652 y 1667, presenta una magnífica cúpula pintada por Palomino.

▲ Virgen de los Desamparados

CASA DEL PUNT DE GANXO
Manuel Peris Ferrando

Edificio modernista de 1906, con bella ornamentación vegetal que imita a bordados de hilos (Plaza de la Almoina, 4).

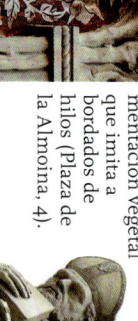

Imagen de San Valero, de Rafael Orellano ▼

En el jardín interior de las Cortes hay un imponente ficus de más de 150 años y un esqueje del árbol de Ana Frank.

Valenbisi

Para moverse por Valencia en bicicleta.
Tel. 900 900 722
www.valenbisi.es

L'ALMOINA

Yacimiento arqueológico con restos romanos, visigodos y árabes. En este enclave urbano el imperio romano fundó su colonia *Valentia* el 138 a.C. Termas y vías romanas, comparten espacio con la basílica visigoda y el alcázar islámico.

ALMUDÍN

Almacén de grano creado por los árabes. Ahora es una atractiva sala de exposiciones contemporáneas.

CORTES VALENCIANAS

Joaquín María Arnau Miramón

Ocupan el Palacio de Benicarló, que fue sede provisional del Gobierno de la II República cuando huyó de Madrid en 1936. Antes fue palacio gótico de los Duques de Gandía. La última remodelación pertenece a los arquitectos Manuel Portaceli y Carlos Salvadores.

PALACIO E IGLESIA DEL TEMPLE

Miguel Fernandez

Sede de la Delegación del Gobierno central, fue construido en época de Carlos III sobre las ruinas de la antigua sede de los templarios. De estilo academicista del siglo XVIII, tiene importantes frescos de José Vergara en la iglesia.

▲ Plaza del Almudín

Punto de información
C/ de la Paz, 48

Poeta Querol · **Sant Francesc** · **Mercat** · **La Seu** · **La Xerea**

PALACIO DEL MARQUES DE DOS AGUAS

Edificio de planta gótica, que sufrió varias transformaciones hasta adquirir el aspecto actual en la reforma del siglo XVIII. Destaca la monumental portada barroca realizada por Vergara en alabastro. A partir de 1950 se convirtió en el Museo Nacional de Cerámica y Artes Suntuarias Gonzalez Martí. En su interior se ha reconstruido el aspecto palaciego de las salas principales del edificio. Imprescindible conocer la colección de cerámica y de carruajes pertenecientes a la aristocracia valenciana del siglo XIX.

EL CORTE INGLÉS
Centro comercial.

La estatua de San Juan de Ribera, que está en el centro del claustro del Patriarca, es obra de Mariano Benlliure (1896).

EL PATRIARCA

Colegio fundado por San Juan de Ribera para la formación de seminaristas en el espíritu de la Contrarreforma. Posee un excelente claustro renacentista y una iglesia de estilo herreriano con pinturas de Bartolomé Matarana. En el vestíbulo luce un dragón, regalo de un virrey peruano, objeto de leyendas.

LA NAU, CENTRO CULTURAL

Edificio perteneciente a la antigua Universidad. El humanista de proyección universal, el valenciano Luis Vives, preside el amplio claustro. La Biblioteca conserva el primer libro impreso en España dedicado a la Virgen María. La Universidad de Valencia tiene cinco siglos de existencia.

CALLE DE LA PAZ

Elegante arteria de la ciudad abierta en el paso del siglo XIX al XX. La pujante burguesía local ocupó sus amplios inmuebles. Es la calle preferida por agencias de viajes y comercios de moda. El modernismo está presente en las atractivas fachadas de los edificios.

PALACIO BOÏL D'ARENÓS

Sede actual de la Bolsa de Valores de Valencia. El patio central de este edificio de origen gótico recoge la actividad bursátil de cada día y las operaciones de contratación.

La estatua más popular de Jaime I se encuentra en el centro del Parterre. Es obra del escultor Vallmitjana (1891).

CALLE BARCAS

El mundo de las finanzas se concentra en esta arteria y sus alrededores. El nombre de la calle evoca la época en la que un ramal del Turia envolvía la vieja ciudad por esta zona. Ahí había también un antiguo barrio de pescadores.

BANCO DE VALENCIA
Javier Goerlich y Francisco Almenar

Construido en un espectacular chaflán, este edificio constituye el ejemplo más significativo del estilo neobarroco de raíz regionalista, impulsado por las nuevas tendencias locales en los años 40 del siglo pasado.

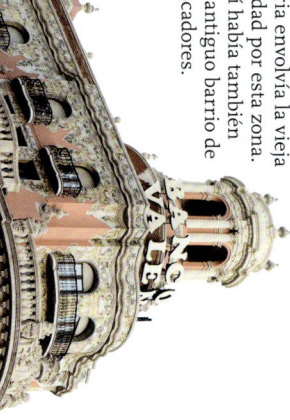

TEATRO PRINCIPAL

Este es el escenario más elegante y emblemático de la ciudad. Se inauguró en 1832 para acoger las grandes citas escénicas de la época. Su fachada corresponde al estilo neoclásico dictado por la Academia. El tráfico obligó a quitar la gran marquesina que protegía su acceso principal.

JARDINES DEL PARTERRE

Zona verde creada en 1876 para ensalzar la memoria del monarca aragonés Jaime I, que rescató Valencia del dominio árabe en 1238. Árboles monumentales y escultura de Ponzanelli dedicada a Neptuno.

PALACIO DE JUSTICIA
Felipe Rubio y Mulet

Antigua Casa de Aduanas, situada en el punto de llegada de las mercancías del Puerto a la ciudad. Posteriormente se transformó en fábrica de Tabacos, y ya en el siglo XX pasó a ser sede de la administración de justicia.

REAL CONVENTO DE SANTO DOMINGO

Desde el siglo XIII es el convento más importante de la ciudad. A raíz de la exclaustración de los dominicos fue destinado a Capitanía General (1842). Se trata de un conjunto arquitectónico con brillantes testimonios de diversas épocas y estilos. Ahora es cuartel de la Fuerza de Maniobra.

CENTRO CULTURAL BANCAIXA

Conjunto integrado por dos edificios de diferente época. El inmueble que mira a la plaza corresponde a un palacio del siglo XIX construido por Lucas García Cardona. El edificio de la izquierda se construyó en los años 30 en clave barroca, para transmitir la imagen de poder de la banca.

Casa Natalicia de San Vicente Ferrer

C/ Pouet de Sant Vicent, 1

El pozito (*pouet*) de San Vicente es la casa solariega donde nació el patrono de la ciudad. Interesantes cerámicas en el vestíbulo.

LA GLORIETA

Primer jardín público de la ciudad que llegó a tener todo lo imprescindible para el ocio ciudadano: fuente con el Tritón, gruta, pequeña montaña, verja, café, templete de música y teatro al aire libre. Permanecen los monumentales árboles y el parque infantil.

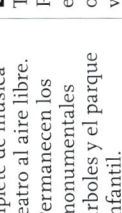

PALACIO DE CERVELLÓ

Tras el derribo del Palacio Real, este edificio fue residencia oficial de monarcas y visitantes. Sede actual del Archivo Histórico Municipal.

▸ Fuente del Tritón

m

L3 L5 L9 Xàtiva
L7 Bailen

m

L10 Alacant

2 Plaza de toros ⚇ Sant Francesc · Russafa · Pla del Remei · Gran Via · Eixample

! **¿Sabías que...?**
El AVE permite viajar hasta el centro de Madrid en 95 minutos.

PLAZA DE TOROS
Sebastián Monleón

Situada frente a la estación ferroviaria, se construyó entre 1850 y 1860, siguiendo las pautas neoclásicas de un coliseo romano. Cuatro galerías redondas lucen 384 arcos. La temporada taurina española comienza en Valencia en marzo. El Museo Taurino se encuentra junto a la plaza.

ESTACIÓN DEL NORTE
Demetrio Ribes

Las líneas ferroviarias de medio recorrido y de cercanías tienen su parada final en esta estación, a escasos metros del Ayuntamiento. Inaugurada en 1917, constituye un brillante ejemplo de arquitectura modernista. En el futuro la estación será subterránea y en superficie habrá un gran parque.

El barrio de Sant Francesc reúne la "city" financiera y los comercios más elegantes de la ciudad, junto a importantes contenedores culturales y varios multicines.

EDIFICIO DE LA UNIÓN Y EL FÉNIX
Enrique Viedma

Inmueble espectacular levantado bajo los códigos del estilo neobarroco. La planta baja está ocupada por los comercios, en el primer piso se sitúan las oficinas y en los siguientes las viviendas de la alta burguesía. Calle Xàtiva, 13.

ANTIGUO CINE CAPITOL
Joaquín Rieta

Se construyó a finales de los años 20 del siglo XX, en la calle Ribera, 16, con influencias modernistas y neomudéjares, de ahí el uso del ladrillo rojo visto. Ha sido reformado para dedicarlo a oficinas y es el último testigo de un barrio que reunía los mejores cines de estreno.

CALLE XÀTIVA
Prolongación de Colón, donde la ciudad se ensancha y ofrece la monumentalidad de elegantes edificios urbanos.

CALLE COLÓN
Un arco de triunfo da entrada a esta vía de intensa vida comercial, ocupada por oficinas de empresas y servicios.

▲ Mosaico exterior, Estación del Norte

m L3 · L5 · L7 · L9 · Colón

Plaza de toros · Sant Francesc · Pla del Remei · Gran Via · Eixample

¿Sabías que...?

L'Aigua de València es un refrescante combinado local: cava, naranjada y gotas de ron. Pese al nombre, no lleva agua.

GRAN VÍA MARQUÉS DEL TURIA

Amplia arteria bulevar que articuló la ciudad como parte del segundo cinturón de ronda.

LOS DOMINICOS
Joaquín María Arnau

Iglesia concebida inicialmente como gran catedral, está dedicada al popular santo valenciano San Vicente Ferrer.

MERCADO DE COLÓN
Francisco Mora Berenguer

Joya del modernismo valenciano que se construyó entre 1914 y 1917 para abastecer de productos frescos a la burguesía que residía en el barrio del primer ensanche. Actualmente es un elegante centro de ocio y encuentro social. Su rehabilitación ha impulsado la consolidación de un barrio comercial de nivel alto.

Entre la calle Colón y la Gran Vía Marqués del Turia, el primer ensanche urbanístico, se concentra el más extenso catálogo modernista de la ciudad.

MODERNISMO VALENCIANO

Movimiento artístico que renovó la arquitectura y las artes plásticas y ornamentales en el paso del siglo XIX al XX. En Valencia incorporó y potenció la importante tradición artesana (madera, tejidos, cerámica, vidrio). Coincide con una época de crecimiento económico y profunda renovación urbana y social de la ciudad.

Edificio Albacar, *Vicente Rodríguez.*
C/ Grabador Esteve, 4

Edificio Francisco Sancho, *Demetrio Ribes.*
Gran Vía Marqués del Turia, 1

Edificio Bernardo Gómez, *Vicente Rodríguez.*
C/ Jorge Juan, 19

Edificio Niederleitner, *Javier Goerlich.*
C/ Pascual y Genís, 22

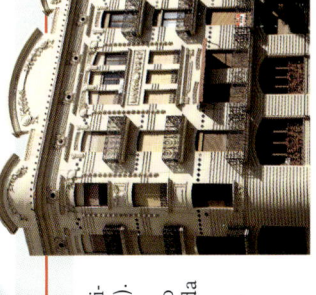

Edificio Chapa, *Martorell y Ferrer.*
Gran Vía Marqués del Turia, 64-71

Edificio Peris, *Carlos Carbonell.*
C/ Cirilo Amorós, 74

Edificio Cortina, *J.M. Manuel Cortina.*
C/ Sorní, 23

Edificio Ortega, *Manuel Peris Ferrando.*
Gran Vía Marqués del Turia, 9

Edificio Lucini, *Ramon Lucini.*
C/ Felix Pizcueta, 23

Edificio Noguera, *Francisco Mora.*
C/ Gregorio Mayans, 3

Casa de los Dragones, *J.M.Cortina.*
C/ Jorge Juan, 3

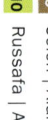

Fallas

En marzo se celebran las Fallas, fiesta dedicada a San José artesano.

PARQUE GULLIVER

Construido sobre el antiguo lecho del río, reproduce en dimensiones gigantes el personaje creado por el escritor Jonathan Swift. Es una obra escultórica del artista fallero Manolo Martín, destinada al público familiar que se puede recorrer como si fuera un laberinto con rampas. También dispone de zona ajardinada para descansar. ❶

MUSEO FALLERO

Ubicado en el antiguo convento de los Padres Paúles, muestra la colección de *ninots* (figuras de cartón y madera) que cada año se salvan del fuego por ser los mejores según votación popular. Museo que destaca la maestría de los artistas valencianos para mezclar la escultura y la pintura con el arte popular. ❶

IGLESIA DE NUESTRA SEÑORA DE MONTEOLIVETE

Luis Albert

En su origen fue una ermita donde frailes de Santa María de Monte Oliveto Maggiore (abadía benedictina de Siena, Italia) mantenían el culto a una tabla de la Virgen del siglo XIV. Monteolivete es ahora el nombre del barrio.

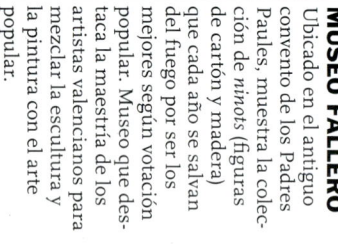

En Valencia se usan dos lenguas oficiales, el castellano y el valenciano (variante dialectal del catalán). La rotulación urbana suele indicarse en valenciano.

PUENTE DE ARAGÓN

Prolongación de la Gran Vía Marqués del Turia, es la conexión imprescindible para trasladarse en coche a los poblados marítimos y la zona del Puerto. Está adornado con esculturas alegóricas de la agricultura, la sabiduría, la marina y Valencia.

PUENTE DEL REINO DE VALENCIA

Conocido como puente de los demonios, por los ángeles caídos que a modo de gárgolas góticas lucen en sus cuatro esquinas, es la prolongación de la avenida del Reino de Valencia con el distrito Camins al Grau. Da acceso a la zona más nueva de la ciudad.

PUENTE DEL MAR

De uso peatonal desde los años 30, posee estatuas dedicadas a la Virgen de los Desamparados y a San Pascual Bailón. Es el más artístico de los puentes tradicionales. Se alza sobre jardines neoclásicos y un estanque de agua. Antes era usado por los carruajes que se dirigían o venían de los barrios del Puerto.

PUENTE DEL ÁNGEL CUSTODIO

Prolongación del antiguo camino de Tránsitos de mercancías destinadas al puerto. Construido en los años 40.

5

4

L10 Ciutat de les Arts

Ciutat de les Arts i les Ciències ✈ **Quatre Carreres** · Camí al Grau

El arquitecto valenciano Santiago Calatrava ha aplicado a partes de este proyecto la imagen visual del "trencadís" (cerámica rota) de origen modernista, en tonos blanco y azul.

LA CIUDAD DE LAS ARTES Y LAS CIENCIAS

Este es el nuevo centro urbano de la Valencia del tercer milenio. Este proyecto llevado a cabo durante dos décadas ha sustituido una zona industrial, de agricultura residual y periférica, con una nueva ciudad de ocio y cultura para acercar la vieja Valencia a su distrito marítimo y de hecho ampliar enormemente la trama urbana. Se asienta en los últimos tramos del viejo cauce del río, rodeado de estanques y jardines. Consta de seis unidades arquitectónicas diferentes construidas a lo largo de quince años.

PALAU DE LES ARTS

Se construyó en el vértice inicial del complejo cultural. Por eso tiene vocación arquitectónica de presentarse como la proa de una enorme nave encallada en dique seco. Dos cáscaras construidas en acero laminado conforman la piel exterior del edificio. Inaugurado en 2005 mantiene activa una notable temporada de ópera, música sinfónica y ballet. Sus cuatro salas ofrecen capacidad para 4.000 espectadores. ✈

L'HEMISFÈRIC

Inaugurado en 1998, consta de una sala de proyecciones de cine Imax para 300 personas. El edificio representa un ojo humano de grandes dimensiones, que se mira plácidamente sobre un gran estanque de agua. El párpado y las pestañas se pueden abrir y cerrar gracias a un inteligente proyecto de ingeniería hidráulica.

MUSEO DE LAS CIENCIAS

Más de 42.000 m² distribuidos en cinco plantas, para mostrar la vieja y la nueva ciencia con exposiciones que hacen fácil comprender la utilidad de los descubrimientos científicos. Los arcos exteriores de más de 40 m de altura, que representan la columna vertebral, transforman este edificio en un monumental animal prehistórico. También los estanques de agua rodean su perímetro. Fue inaugurado en el año 2000.

MUSEU DE LES CIÈNCIES

L'UMBRACLE

Representa la puerta de entrada, en sentido figurado, al gran complejo de ocio. Es una zona verde de 7.000 m², cubierta por una marquesina metálica adornada con vegetación y animada con esculturas de Yoko Ono, Miquel Navarro y otros artistas. Escenario botánico para 50 especies autóctonas. Debajo se encuentra un amplio aparcamiento para los vehículos de los visitantes.

PUENTE L'ASSUT DE L'OR
Santiago Calatrava

Tiene 180 m de altura en el y 125 m de longitud punto más elevado del gran mástil que sujeta con cables tirantes el conjunto estructural de la obra. Este poderoso poste es una de las alturas de referencia del complejo de la Ciudad de las Artes y las Ciencias. Une el bulevar sur de Valencia con la continuación del cuarto cinturón de ronda.

ANTIGUO AZUD DEL ORO

Debajo del nuevo puente se encuentra la construcción tradicional del antiguo azud que regulaba el caudal del Turia.

L'ÀGORA, CAIXAFÓRUM VALENCIA

Este gran edificio, que años atrás se dedicó a competiciones de tenis, ahora es un contenedor cultural pensado para acercar a todos los públicos a la revolución de la inteligencia artificial, por iniciativa de Caixafórum. Se presenta como una gran plaza pública, ágora para dialogar sobre el futuro, protegido por una gran cubierta de *trencadís* (ladrillos rotos) de color azul cobalto, característico de las cúpulas de las iglesias valencianas. Parece el cuerpo vacío de una gran ballena, sostenido por numerosas costillas de 80 metros. Por dentro, la ballena contiene diferentes órganos o pabellones en los que el visitante puede satisfacer su curiosidad por el futuro de la humanidad. La intervención arquitectónica corresponde a un proyecto del estudio

Cloud 9, dirigido por el arquitecto Enric Ruiz-Geli. Han colaborado en el proyecto destacados artistas: Federic Amat en el techo del Auditorio ha reproducido un paisaje futurista; Inma Femenía ha construido la escultura intangible *Arc al cel*, reproducción luminosa del arco iris; Anna Talens, con su obra *Palafit*, situada entre las aguas del estanque, ha simulado una dorada barraca valenciana, homenaje a la agricultura y al hábitat de la Albufera. En el interior destaca *La Nube*, como una nave espacial despegada del suelo en la que es posible conocer y entender el uso de la inteligencia artificial en el mundo de la educación. Hay espacios para exposiciones, conciertos, conferencias, restaurante, cafetería, auditorio, librería especializada y salas polivalentes. ●

OCEANOGRÀFIC

Ciudad submarina creada por el arquitecto Félix Candela. Está poblada por más de 45.000 ejemplares acuáticos, incluso aves, que se mueven y viven en 42 millones de litros de agua. Consta de diez zonas que permiten recorrer en un tiempo relativamente corto los diferentes ecosistemas marinos del mundo. Este es el espacio más visitado de la ciudad porque estimula la imaginación entre jóvenes y niños. El auditorio tiene como telón de fondo un gran acuario con especies del mar Rojo.

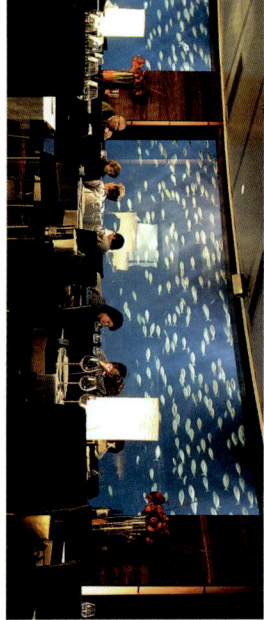

L10 Ciutat de les Arts

1 **6** **AQUA Centro Comercial** · **Quatre Carreres** · **Camí al Grau**

Aquí se inicia la ruta del Bus Turístic Albufera. Tras recorrer las cinco paradas urbanas, se dirige al Parque Natural.

CENTRO COMERCIAL AQUA

Moderno centro comercial especializado en moda y hostelería. Abierto en uno de los edificios más espectaculares del distrito. Al otro lado del puente, frente a L'Àgora, se encuentra el Centro comercial El Saler. Amplia oferta de restauración, tiendas y cómodo aparcamiento.

CIUDAD DE LA JUSTICIA

Alfredo Batuecas Borrego

Su inauguración en esta zona, para reunir todos los servicios jurídicos de asistencia al ciudadano, ayudó a crear la nueva centralidad de Valencia en esta área urbana de nuevo cuño. Su interior reproduce el ambiente social de una calle de ciudad mediterránea iluminada por luz natural en vez de energía eléctrica.

PLAZA DE EUROPA

Espacio urbano que regula el tráfico de las nuevas arterias de la zona este de la ciudad. El escultor valenciano Miquel Navarro es el autor de la monumental libélula (*parotet*, en valenciano) de color azul, que se levanta en el centro.

AVENIDA DE FRANCIA

Amplia vía urbana trazada para enlazar el centro histórico con el barrio del puerto. Caracterizada por la presencia de oficinas bancarias y locales de hostelería. Arquitectos como Oscar Tusquets y otros participaron en el diseño de los edificios.

La Torre de Francia, con sus 45 pisos y 115 m de altura pasa por ser actualmente uno de los edificios más altos de la ciudad. El techo de Valencia en la Edad Media eran los 70 metros del Miguelete, incluida la última espadaña.

L8 Neptú

L6 L8 Grau - La Marina

7 **Veles i Vents** Cabanyal-Canyamelar

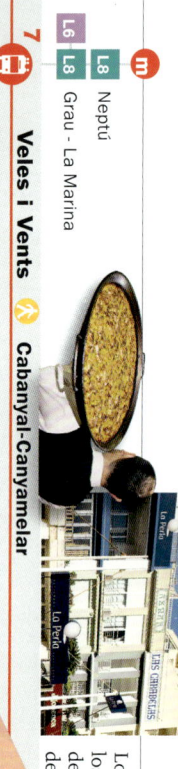

Los restaurantes del Paseo Neptuno ocupan los espacios de las desaparecidas casas de baños de mar. Todos sirven paella valenciana y platos de marisco.

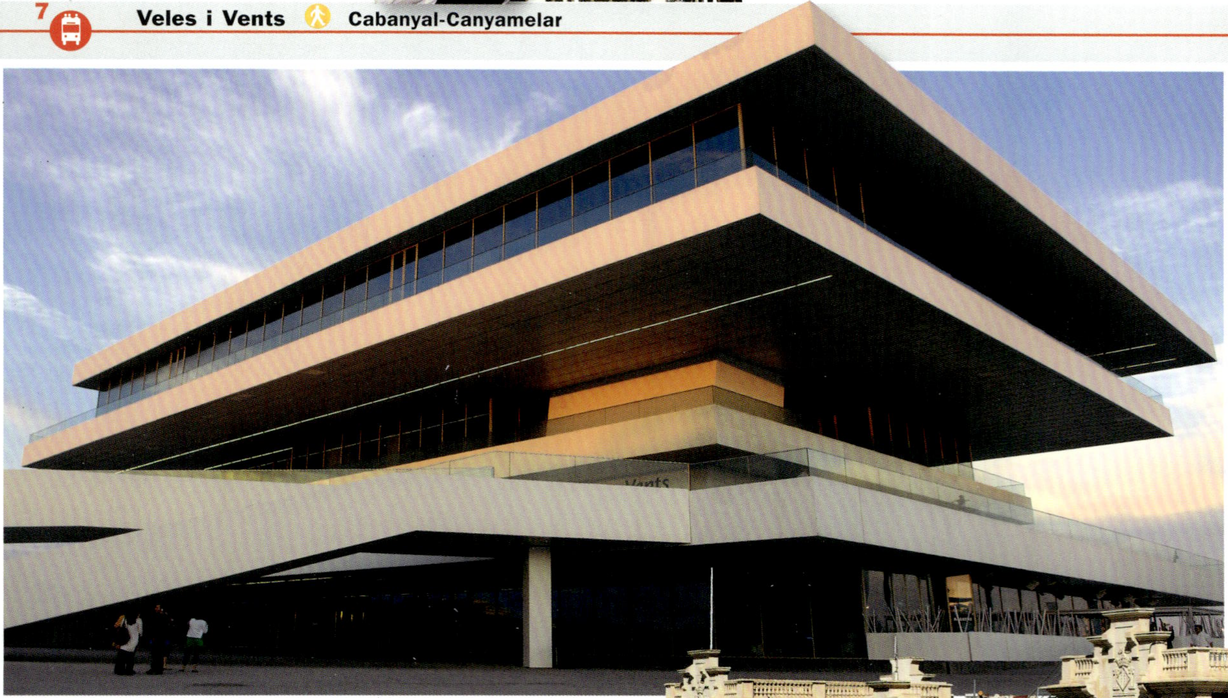

EDIFICIO VELES I VENTS

David Chipperfield y Fermín Vázquez

Se construyó para acoger la celebración de la Copa del América de deporte náutico. Consta de cuatro inmensas plataformas desplazadas unas sobre otras para crear zonas de sombra desde donde contemplar el campo de regatas. El nombre del edificio (velas y vientos) rinde homenaje al poeta valenciano del siglo XIV Ausiàs March.

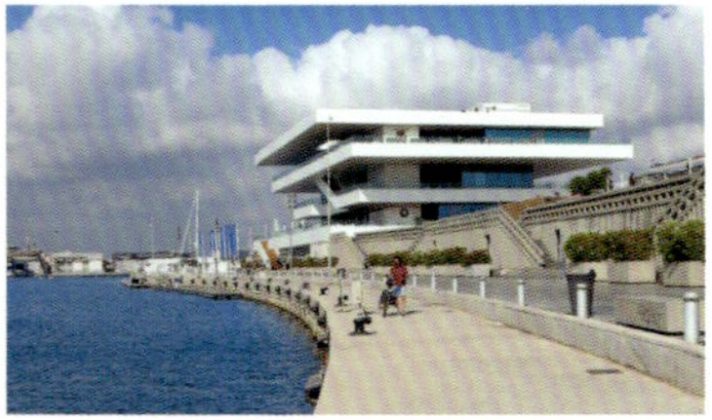

VARADERO PÚBLICO

Sede provisional de las oficinas de la sociedad que organizó el acontecimiento deportivo de vela. Edificio modernista de ladrillo rojo.

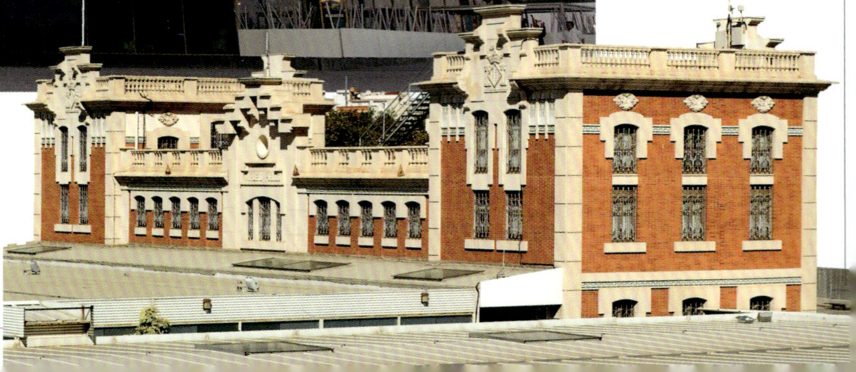

8 **Las Arenas** Cabanyal-Canyamelar

LAS ARENAS

Lo que fue el primer balneario valenciano de 1888 hoy se ha transformado en hotel de lujo con spa mirando al mar. Permanecen en pie los dos pabellones de estilo clásico griego donde se abrieron los vestuarios separados de hombres y mujeres. En estos edificios se organizan eventos culturales y profesionales.

PISCINA DE LAS ARENAS
Luis Gutiérrez Soto

Uno de los edificios de arquitectura racionalista más destacado en la Valencia de los años 30 del siglo pasado. Posee dos piscinas, una para niños, y aplica diseños constructivos procedentes de la arquitectura naval. El artista Josep Renau inmortalizó su inauguración en 1934 con un vistoso cartel.

DOCKS COMERCIALES

Amplios almacenes construidos con ladrillo visto, que ahora acogen los bares nocturnos de la Marina de Valencia.

¿Sabías que...?

Sorolla pintó sus famosos cuadros de playa en la Malvarrosa.

PASEO MARÍTIMO

Largo y amplio paseo, cubierto por palmeras, que acompaña el trazado de la ancha playa de Cabanyal y Malvarrosa. La dotación de servicios la convierten en una de las playas más cómodas del litoral valenciano. La oferta de restaurantes es variada, y también los lugares para copas. En verano hay costumbre popular de combatir el calor improvisando cenas al aire libre con mesas y sillas traídas de casa. Estrellas cinematográficas que participaron en la Mostra de Cinema del Mediterrani tienen sus nombres inmortalizados en el paseo.

PLAYA DE LA MALVARROSA

Tramo de esta larga playa donde el pintor Joaquín Sorolla y su coetáneo el escritor Blasco Ibáñez consumieron horas de ocio e inspiración entre pescadores que sacaban sus barcas arrastradas por bueyes. En segunda línea de playa siguen en pie residencias de veraneo.

ESTRELLA DE LOS VIENTOS

Uno de los conjuntos escultóricos del Paseo Marítimo. Una embarcación, que actúa de fuente permanente, proyecta el agua sobre los ocho puntos característicos de la estrella de los vientos mediterráneos.

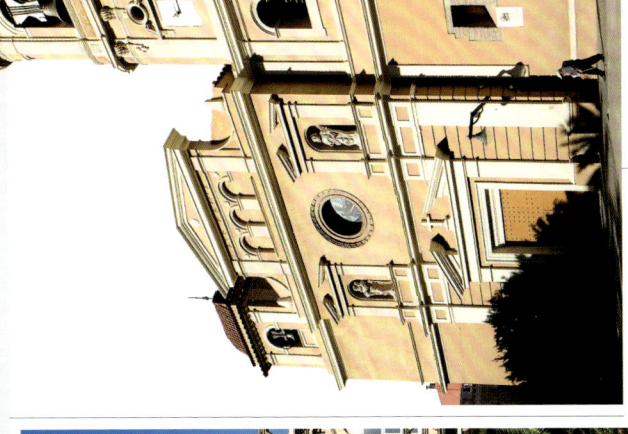

L4 L6 Dr. Lluch
L4 L6 Cabanyal

Punto de información
Paseo de Neptuno, 2

CASA MUSEO BLASCO IBÁÑEZ

Abierta en lo que fue la residencia de verano del escritor más universal que ha tenido Valencia, esta villa de aspecto neoclásico posee en su amplio balcón de la fachada principal una preciosa mesa de mármol italiano y varias cariátides como columnas.

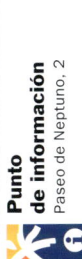

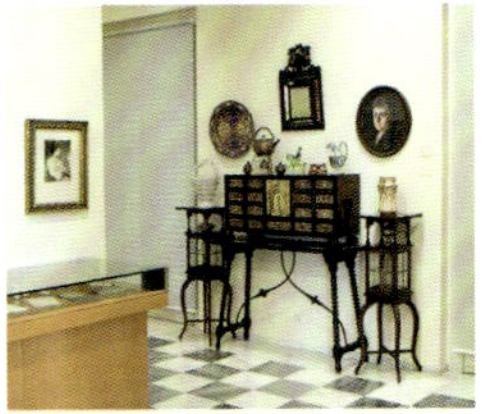

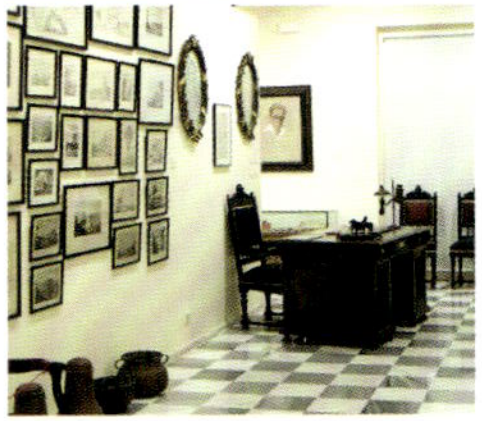

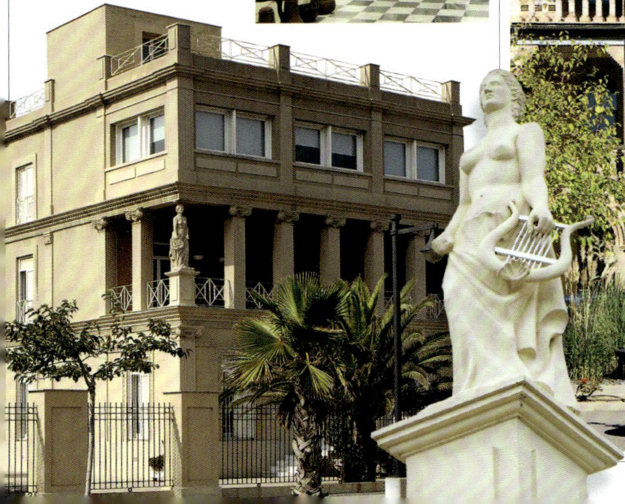

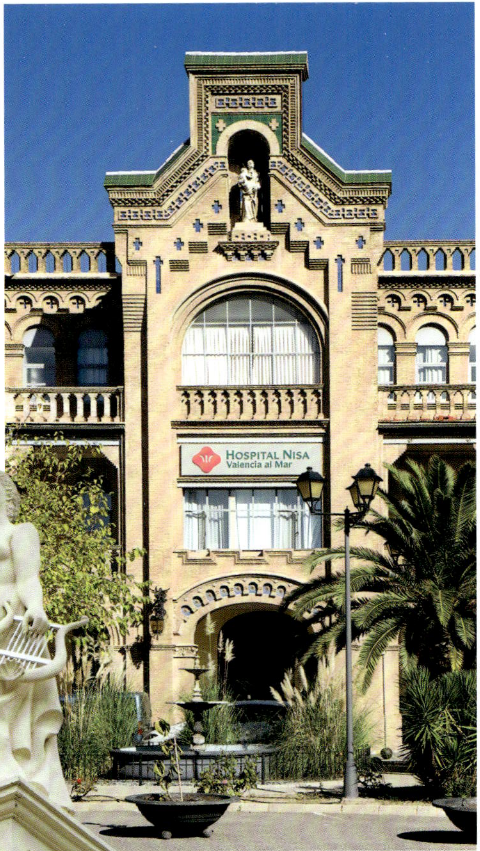

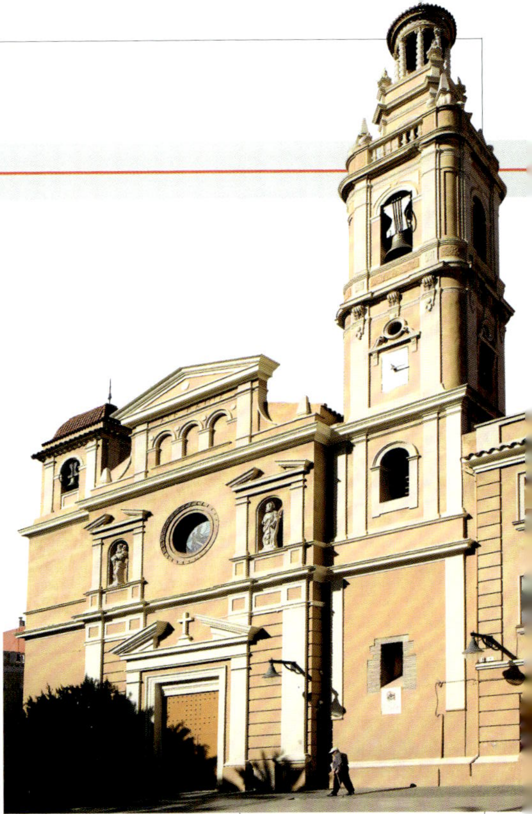

HOSPITAL VALENCIA AL MAR

Francisco Mora

Antiguo asilo de San Juan de Dios. Obra modernista construida en 1907 para atender a enfermos.

IGLESIA DE LOS ÁNGELES

Una de sus torres actuó de faro para los pescadores que salían a faenar. En esa época, la línea de mar estaba situada más cerca de este edificio.

m L6 L8 Grau - La Marina

9 **Puerto** · Camí al Grau · **Cabanyal-Canyamelar**

MARINA DE VALENCIA

La organización de eventos deportivos de proyección internacional ha renovado la zona del puerto. La elegante Marina de Valencia, que ocupa la parte más vieja, y los nuevos diques han ampliado la capacidad de amarres de embarcaciones deportivas. También acoge buena oferta de restauración y grandes conciertos de música pop.

TINGLADOS DEL PUERTO

Construidos en 1910 para almacenar envíos de naranjas, uvas y vinos, son unas instalaciones de arquitectura modernista muy elegantes, con mosaicos cerámicos policromados de frutas, que evitan la distancia psicológica entre la ciudad y la actividad del puerto.

❶

LAS ATARAZANAS DEL GRAO

Construcción gótica levantada a mediados del siglo XIV para construir barcos, ahora destinada a exposiciones y museo marítimo.

ESTACIÓN DEL GRAO

Domingo Cardenal

Es posible que sea la estación de ferrocarril más antigua de España. Se inauguró en 1865 con la línea Valencia-Grao.

¿Sabías que...?

Los barrios del puerto fueron municipios independientes de Valencia hasta el año 1897.

EDIFICIO DEL RELOJ

Primitiva estación de viajeros de la estación marítima inaugurada en 1916 junto a la escalera real. Tiene aires de pabellón de est:lo francés, imitación de :a *Gare de Lyon* de París. Su torre del reloj es muy característica en .a zona. Su parte alta se ha destinado a galería de exposiciones artísticas.

SEDE DE LA AMERICA'S CUP

Los diferentes tinglados modernistas y los muelles de la dársena est:vieron ocupados por las bases de los equipos que compitieron en la Copa del América años 2003, 2007 y 2010. Destacaron las sedes de Luna Rossa Challenger, Alirghi y BMW Oracle.

SANTA MARÍA DEL MAR
Francisco Martí

Construida en 1683, sobre los restos de una parroquia medieval, representaba el centro urbano del pueblo fortificado de Vilanova de la Mar.

AVENIDA BLASCO IBAÑEZ

El busto del escritor preside el ancho y largo bulevar que enlaza los Jardines del Real con los poblados marítimos. El campus universitario se sitúa en su primer tramo.

MUSEO DE LA SEMANA SANTA MARINERA

Situado en un antiguo molino de arroz, el edificio es un brillante ejemplo de la arquitectura industrial valenciana.
El origen de la Semana Santa de los poblados marítimos se remonta al siglo XV. Entre los pasos destaca la Verónica de la Santa Faz, esculpida por Mariano Benlliure en 1943.

MUSEO DEL ARROZ

Situado en un edificio de 1902, ofrece la demostración práctica de la maquinaria que transformaba el arroz del campo en grano comestible. Valencia llegó a tener activos 40 molinos como el que se conserva en el museo.

EL MUSICAL

Centro Cultural situado en el corazón del Cabanyal. Ofrece una interesante temporada de artes escénicas.

NUESTRA SEÑORA DEL ROSARIO

Iglesia edificada en 1845 sobre una antigua ermita. Escenario de importantes actos de la Semana Santa.

CABANYAL

El barrio Cabanyal-Canyamelar se corresponde con el antiguo municipio Poble Nou del Mar. En sus calles destaca la arquitectura popular de casas de dos plantas ornamentadas al estilo modernista con fachadas de cerámicas multicolores.

L5 L7 Aragó

Baleares

¿Sabias que...?

La Comisión Europea ha nombrado Valencia Capital Verde Europea 2024, por su amplia dotación de parques, jardines y calidad del medio ambiente.

PALAU DE LA MUSICA
J. M. García de Paredes

Nuevo auditorio de música inaugurado en 1984 como sede oficial de la Orquesta de Valencia. Sus diferentes salas acogen más de 2.100 espectadores.

Un inmenso invernadero de cristal cubierto por una monumental plataforma constituye su fachada principal, que surge desde el viejo cauce del río.

Los jardines son diseño de Ricardo Bofill. En el auditorio principal las diferentes tribunas rodean a la orquesta, que ocupa el espacio central.

HOMENAJE AL LIBRO
Juan Ripollés

Monumental escultura situada en la rotonda que enlaza Avenida de Francia con Paseo de la Alameda.

AVENIDA DEL PUERTO

Vía urbana que enlazó en línea recta el centro histórico con los pueblos del litoral. En los 60 perdió su frondoso arbolado.

PASEO DE LA ALAMEDA

Prado y lugar de recreo situado al otro lado del río. En 1644 se plantaron los álamos que le dan el nombre. Nobles y burgueses lucieron sus carruajes y berlinas durante el siglo XIX. A partir de 1871 se instalaron los pabellones festivos de la Feria de Julio y se realizó el desfile de la Batalla de Flores.

EL PLA DEL REAL

Plaza donde se ubicaba el Palacio Real, destruido en la Guerra de la Independencia (1808). Entre 1922 y 1968 se instaló en este espacio la Feria de Valencia, a la sombra del desaparecido Palacio de Ripalda.

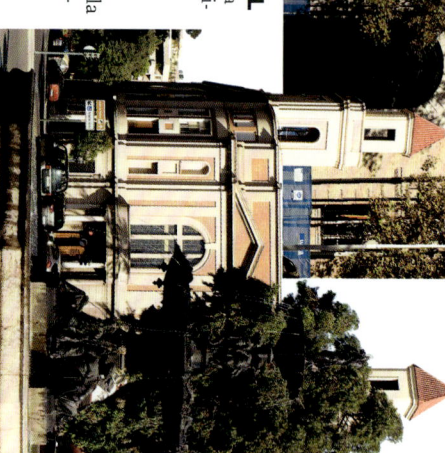

PABELLÓN DE LA INDUSTRIA

Celestino Aranguren y Ramón Lucini

En la Exposición de 1909 se mostraron todos los avances de la industria española en este gran edificio. A partir de 1912 pasó a ser Fábrica de Tabacos y en la actualidad es la sede central de la Administración municipal.

¿Sabías que...?

La Exposición Regional de 1909 y la Nacional de 1910 marcaron un hito en el despegue económico y urbano de la ciudad de Valencia.

PALACIO MUNICIPAL DE LA EXPOSICIÓN

Francisco Mora Berenguer

Valencia vivió momentos de gloria y crecimiento con motivo de la Exposición Regional de 1909 y la Nacional de 1910.

Brillante muestra de la arquitectura tradicional valenciana revisada por el modernismo, aplicada a este edificio de uso protocolario. Fue Escuela de Arquitectura durante un tiempo.

ESCULTURA Andreu Alfaro

Con monumentales aspas de acero, está dedicada al Mundial de Fútbol de 1982.

EDIFICIO LA LANERA
Alfonso Garín y Demetrio Ribes

Sobre las ruinas del antiguo Gran Casino de la Exposición de 1909 se construyó la fábrica textil La Lanera. En la actualidad es un lujoso hotel. Fue uno de los primeros edificios levantado con estructura de hormigón armado. Tiene un patio interior pentagonal.

PUENTE DE LA EXPOSICIÓN
Santiago Calatrava

El proyecto incluyó la construcción en el subsuelo de la estación de metro Alameda. Consiste en un arco metálico atirantado por un tablero inferior también atirantado. Se lo conoce por el nombre popular de "la peineta".

PUENTE DE LAS FLORES

Uno de los últimos construidos sobre el viejo Turia, con pasarelas peatonales de madera y amplias jardineras que lucen hermosas flores de temporada. Se renueva con geranios, murcianas, y flor de Navidad (poinsettia). Homenaje al pasodoble *Valencia*, de José Padilla, que define la ciudad como tierra de las flores.

LA LACTANCIA
Ramón Lucini

Precioso edificio modernista creado para guardería de los hijos de las cigarreras. Hoy se ha convertido en un moderno balneario.

ESTADIO DE MESTALLA
Francisco Almenar Quinzá

Se abrió el 20 de mayo de 1923. Fue subsede del Campeonato Mundial de Fútbol en 1982, con 55.000 espectadores. El Valencia CF construye un nuevo estadio.

MUSEO SAN PÍO V

El museo de Bellas Artes se conserva en un antiguo seminario. Reúne una gran pinacoteca, de más de 3.000 piezas artísticas, desde los primitivos valencianos del siglo XIV hasta la gran pintura de Ribera, Goya, Pinazo y Sorolla. En su interior se encuentra reconstruido el patio renacentista del palacio del Embajador Vich. En el perfil de la ciudad llama

la atención al visitante el azul cobalto de su bóveda central, ornamentación típica de las iglesias valencianas.

JARDÍN DEL TURIA

Parque longitudinal, de nueve kilómetros de largo, que ocupa el antiguo cauce del río Turia que se desvió fuera del centro de la ciudad, a raíz de las trágicas inundaciones de octubre de 1957. Es la columna vertebral de Valencia pues ofrece a todos los barrios nuevas áreas verdes de ocio y deporte.

Los dos leones de los Jardines de Monforte fueron esculpidos para la puerta del Congreso de los Diputados, pero sus señorías los desestimaron por ser pequeños.

PUENTE DEL REAL

Construido de nueva planta en el siglo XVI, permitía el acceso desde el Palacio Real, hoy desaparecido, al interior de la ciudad amurallada. Su ampliación moderna resultó imprescindible para favorecer el crecimiento de Valencia al otro lado del río.

JARDINES DE MONFORTE

Sebastián Monleón Estellés

Capricho botánico del marqués de San Juan que construyó un palacete con jardín romántico en una zona ocupada por huertas y villas aristocráticas.

JARDINES DEL REAL

Más conocidos como Viveros Municipales, es el parque cerrado más grande de la ciudad. Eran los jardines del destruido Palacio Real, residencia oficial de los monarcas españoles en Valencia durante siglos. Más de 200.000 m² para cuidar un rico catálogo de árboles y plantas.

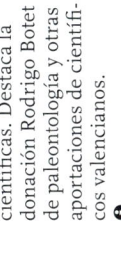

MUSEO DE CIENCIAS NATURALES

Situado dentro de los jardines del Real, en un antiguo restaurante remodelado para exposiciones científicas. Destaca la donación Rodrigo Botet de paleontología y otras aportaciones de científicos valencianos.

IGLESIA DE SANTA MÒNICA

Construida a finales del siglo XVII con ornamentación barroca, es el templo más destacado del otro lado del río. El asilo contiguo posee una iglesia neogótica y dos claustros.

CASA MUSEO CONCHA PIQUER

El arquitecto Francisco Mora había diseñado en 1900 este barrio de casas bajas. Precisamente, en el entorno de la popular calle Sagunto nació la cantante Concha Piquer, la reina de la copla española. Junto al fabuloso legado de la artista, se muestran los que fueron nuevos criterios higienistas de una vivienda popular.

ℹ

MONASTERIO DE LA TRINIDAD

Fundado por las clarisas, con la iglesia renovada dentro de un barroco vanguardista, tiene notable importancia histórica. La escritora sor Isabel de Villena fue abadesa del monasterio, el poeta Jaume Roig, médico de la comunidad y en él está enterrada la hija natural de Fernando el Católico, María de Aragón.

ANTIGUA ESTACIÓN FEVE
Joaquín María Belda

Sede de los trenes de vía estrecha está ocupada hoy por la policía autonómica.

ANTIGUA CASA MORODER

Construida como lujosa casa de recreo en el siglo XIX, luego fue colegio y ahora sede de la Cruz Roja. Al ampliarse la calle Alboraya perdió su jardín delantero.

PUENTE DE SERRANOS

Por él llegaban las comitivas comerciales de Aragón y Cataluña y de la comarca interior de Los Serranos.

Nueve arcos no fueron suficientes a veces para absorber toda el agua de las riadas del Turia.

PASEO DE LAS ALAMEDITAS

Zona ajardinada donde se admira la solidez y buena fábrica de los muros y pretiles del antiguo río, así como su transformación en espacio deportivo. Las rotondas están adornadas con esculturas de los hermanos Benlliure dedicadas a pintores amigos.

PUENTE DE SAN JOSÉ

Levantado en 1604, pertenece a la mejor arquitectura medieval. La escultura de San José, hecha por Octavi Vicent, recibe flores de los falleros todos los años.

La visión de las Torres de Serranos desde el lado izquierdo del antiguo río con las torres campanarios de fondo era la postal típica de llegada a Valencia desde el norte en siglos pasados.

San Pio V · Trinitat · **El Carmen** · Morvedre

Estuvieron destinadas a prisión para nobles durante tres siglos. Durante la Guerra Civil (1936-1939) sirvieron para guardar numerosos cuadros del Museo del Prado.

Gárgolas de las torres ▼

TORRES DE SERRANOS
Pere Balaguer

Puerta gótica por donde entraban a la ciudad las principales embajadas procedentes de Aragón. Tiene un estilo similar a la Porta Real del monasterio de Poblet (Cataluña).

PLAZA DE LOS FUEROS

A la sombra de las Torres, esta antigua plaza reúne varias terrazas óptimas para el aperitivo de mediodía.

MUSEO DEL CORPUS-CASA DE LAS ROCAS

Las Rocas son grandes carrozas que salen en procesión por Corpus, una de las fiestas más antigua y popular de Valencia, y que representan episodios bíblicos. ●

GRAN ASOCIACIÓN

Joaquín María Arnau Miramón
Edificio con estructuras de hierro construido en 1886 por una asociación vinculada a la patrona de Valencia.

PLAZA PORTAL NOU

En la Edad Media era una de las doce puertas de acceso a la ciudad. En marzo acoge la monumental falla de Na Jordana.

Las Rocas, Fiesta del Corpus ▶

CASA MUSEO JOSÉ BENLLIURE

Entre estos muros vivió y creó uno de los grandes escultores y pintores de finales del siglo XIX. Casa burguesa con precioso jardín interior y estudio de pintura.

Busto de José Benlliure ▶

3 **13** **Nuevo Centro** · **Campanar** · **Botànic** · **Tendetes**

¿Sabias que...?

El barrio de Campanar antes fue un pueblo independiente situado al noroeste de Valencia.

JARDÍN BOTÁNICO
Cristóbal Sales

Espacio vinculado a la investigación de la Universitat de Valencia. Recinto imprescindible para conocer la botánica y la agricultura de todo el mundo con más de 3.000 especies de árboles y plantas. El gran umbráculo es una atractiva muestra de arquitectura metálica.

ESTACIÓN DE AUTOBUSES
Av. Menéndez Pidal, 13

Desde aquí salen todas las líneas de autocares de medio y largo recorrido. El trasiego de gentes ha generado en este barrio de Tendetes una importante actividad comercial y hotelera.

EDIFICIO PROP
C/ Gregorio Gea, 14 y 27

Construido por la Generalitat para facilitar todo tipo de información sobre trámites administrativos y empleo público.

NUEVO CENTRO

Av. Pío XII, 2

El centro comercial más antiguo de Valencia.

MERCADO DE CAMPANAR

Av. Tirso Molina, 16

Centro comercial y de ocio. Cines Yelmo, con 16 salas de cine.

JARDÍN DE LAS HESPÉRIDES

Una pequeña joya botánica, homenaje a la tradición de los jardineros de los siglos XV y XVI. En él crecen cincuenta variedades distintas de cítricos y forma una unidad con el Botánico.

Hércules, de Miklós A. Pálfy ▸

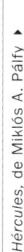

AVENIDA CORTES VALENCIANAS

La arquitectura muy moderna de esta amplia vía urbana ha sido diseñada para ofrecer al viajero que entra en coche a la ciudad por el noroeste, una visión espectacular de la Valencia del siglo XXI. A imitación de las góticas Torres de Serranos, el acceso urbano está enmarcado por dos altas torres, una destinada a hotel y otra a viviendas y comercios. Esta última, el Edificio Ikón, es uno de los últimos proyectos realizado por el arquitecto catalán Ricardo Bofill, antes de morir.

LA DAMA DE ELCHE
Manuel Valdés

Escultura de 20 m de altura de Manuel Valdés, fundador del desaparecido Equipo Crónica. Está compuesta de 22.000 piezas, reproducciones de las cabezas femeninas de la escultura ibérica. Son de color azul cobalto, que recuerda el de las cúpulas de las iglesias valencianas.

NUEVO ESTADIO DEL VALENCIA CF

Proyecto de la firma Reid Fenwick Asociados para congregar 75.000 espectadores distribuidos en tres gradas cubiertas y sobre planta ovalada. La fecha de finalización de la obra está pendiente de la financiación.

! **¿Sabías que...?**

*Beniferri es el nombre de una pedanía de
Valencia, donde permanecen en pie dos calles
con casas tradicionales y la iglesia.*

CASINO
CIRSA VALENCIA
José María Lozano

Edificio construido
de acuerdo a criterios
de sostenibilidad
medioambiental, con
aforo para 1.550 perso-
nas. Las instalaciones
de juegos de apuestas y
azar comparten espacio
con salas para celebrar
eventos culturales. En
este punto se sitúa el lí-
mite administrativo del
municipio de Valencia
y arranca la autovía de
Ademuz que conecta
con Feria Valencia y el
corredor mediterráneo.

AUDITORIO
FIRA DE
VALÈNCIA
José María Tomás Llavador

Edificio con modernas
condiciones acústicas
y de iluminación. Tiene
capacidad para acoger
más de 12.000 perso-
nas. Dispone de nueve
puertas de seguridad
y de infraestructura
para eventos deportivos,
conciertos de música y
espectáculos teatrales.

PARQUE
DE BENIFERRI

También llamado jardín
de Polífilo porque su
ordenación se inspira
en el libro *Sueños de
Polífilo*, de Francesco de
Colonna. El visitante,
embarcado en una
atmósfera romántica,
pasea por la plaza de
las Puertas del Destino,
encuentra al Guardián
de los Huertos y visita la
Isla de Citerea.

PALACIO
DE CONGRESOS
Norman Foster

Icono arquitectónico
de la zona norte de la
ciudad, creado por el ge-
nio de Norman Foster.
Edificio de trazado muy
horizontal que recoge a
través de inmensas cris-
taleras toda la luz y calor
mediterráneos. En su
exterior se ha diseñado
una inmensa rosaleda
y estanques de agua.

CARREFOUR CAMPANAR

Av. Manuel de Falla, 13

Centro comercial.

m

L3 **L5** **L9** Nou d'Octubre

15

Bioparc · **Sant Pau** · Nou Moles

BIOPARC

Instalaciones de vanguardia para disfrutar del mundo animal en cautividad. En este nuevo zoológico, que sustituye al de Viveros, no hay jaulas. Las diferentes especies viven al aire libre como si estuvieran en su hábitat natural. En una superficie de 10.000 m² se reproducen diferentes ecosistemas de África. Diferentes especies conviven en hábitats tradicionales, que se acercan a una imagen real de la naturaleza. De noche los animales se protegen del frío en recintos interiores. Al salir del zoológico se puede pasear por los embarcaderos, islas, senderos y bosque del parque. ⊕

El realizador valenciano Luis García Berlanga situó el plató del film *Todos a la cárcel* en la antigua cárcel Modelo, que en la actualidad se ha transformado en el complejo administrativo de la Generalitat, 9 d'Octubre.

PARQUE DE CABECERA
Arancha Muñoz, Eduardo de Miguel y Vicente Corell

Situado al inicio del cinturón verde del antiguo río, une el lecho natural del Turia (sin agua desde los años 60) con el nuevo cauce construido artificialmente. El parque es un homenaje al agua regulada por diversas plataformas, que forman un azud.

LA PETXINA
Luis Ferreres Soler

Complejo deportivo que ocupa el antiguo matadero de Valencia, construido en el tránsito del siglo XIX al XX, junto al camino de Madrid.

MUSEO DE LA HISTORIA DE VALENCIA
Ildefonso Cerdá

Los 2.200 años de historia de la ciudad se muestran con ayuda de las nuevas tecnologías en este espacio, situado en los límites con el vecino municipio de Mislata, que fue un antiguo depósito de agua construido con ladrillo visto en 1850.

◀ Mosaico romano (s. II - III dC)

IVAM

17

L1 L2 L3 L5 L9 m

Àngel Guimerà

IVAM El Carmen · Velluters

i Para recorrer el perímetro completo de la antigua muralla cristiana hay que coger el bus 5 Interior.

IVAM
Esculturas de Julio González, coetáneo de Picasso.

IVAM

Emilio Jiménez y Carlos Salvadores

El Instituto Valenciano del Arte Moderno se inauguró en 1987 para reunir lo más destacado de las vanguardias artísticas europeas. Desde una gran plataforma pública, abierta y diáfana en su fachada, se contempla el viejo río Turia y la frontera con el centro histórico de la ciudad. A través de grandes cristaleras se pueden ver obras expuestas en el interior.

●

LA MURALLA

En el subterráneo del IVAM se encuentra una sala con restos arqueológicos de la muralla cristiana que protegió Valencia durante cuatro siglos.

BOMBAS GENS CENTRE D'ART

Cayetano Borso di Carminati

Centro cultural creado por la Fundació per Amor a l'Art en una fábrica de bombas hidráulicas de estilo

art déco, construida en 1930. Alberga su colección privada de arte contemporáneo, asesorada por Vicent Todolí, exdirector de la Tate Modern. Situado cerca del jardín del Turia y del IVAM. Se visita también un refugio antiaéreo, bodega medieval y jardín modernista donde Cristina Iglesias recrea dos tramos de acequias en hierro fundido. Restaurante de Ricard Camarena, dos estrellas Michelin.

●

¿Sabias que...?

La vieja muralla cristiana de Valencia se derribó en 1865 por orden del gobernador Cirilo Amorós para combatir el paro en la industria de la seda.

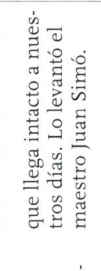

que llega intacto a nuestros días. Lo levantó el maestro Juan Simó.

CONVENTO DEL CORPUS CHRISTI

Fundado por las carmelitas descalzas en 1681. Conjunto conventual

ANTIGUO ASILO DEL MARQUÉS DE CAMPO
José Camaña Laymón

En el siglo XIX se crearon instituciones de ayuda a los pobres. Edificio de estilo neogótico.

ANTIGUO ASILO DE SAN JUAN BAUTISTA
Sebastián Monleón

Institución benéfica creada por un banquero y comerciante de la seda. De estilo academicista neoclásico.

CENTRO CULTURAL LA BENEFICENCIA
Joaquin Mª Belda Ibañez

Edificación de gran tamaño, con amplios patios interiores, construida en 1876 para atender los servicios sociales y benéficos de la Diputación Provincial de Valencia. Marcado por los estilos neogótico y neobizantino, ahora alberga los museos provinciales de Prehistoria y Etnología. ❶

Museo L'Iber
C/ Caballeros, 20-22

Miles de miniaturas expuestas en el palacio gótico de los Malferit.

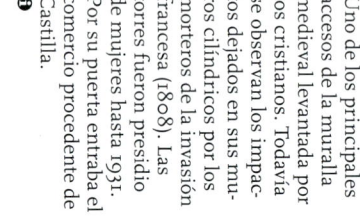

TORRES DE QUART
Francesc Baldomar

Uno de los principales accesos de la muralla medieval levantada por los cristianos. Todavía se observan los impactos dejados en sus muros cilíndricos por los morteros de la invasión francesa (1808). Las torres fueron presidio de mujeres hasta 1931. Por su puerta entraba el comercio procedente de Castilla.

EL CARMEN

El Carmen es un antiguo barrio de artesanos, monjas y nobles, transformado en espacio de ocio nocturno y creación para artistas.

SANTA ÚRSULA

Templo que pertenecía al antiguo convento de las Agustinas creado en 1605. El barrio del Carmen estuvo ocupado por numerosos conventos con huertas y jardines.

EDIFICIO ECHEVESTE
Joaquín Calvo Tomás

Edificio de estilo ecléctico, construido en 1861, para albergar elegantes viviendas burguesas y bajos comerciales. Aquí residieron destacados escritores. Calle Quart, 21-23.

EL PALLETER

Estatua realizada por Emilio Calandín, que representa al artesano de la paja, Vicent Doménech, líder popular que desafió a las tropas de Napoleón.

CALLE CABALLEROS

Elegante arteria ocupada por los palacios góticos de la nobleza valenciana. Antes fue vía romana de acceso desde poniente. Una de las calles más bonitas de la ciudad para visitar de noche y tomar una copa en sus bares.

IGLESIA DE SAN NICOLÁS DE BARI Y SAN PEDRO MÁRTIR

Es una de las primeras parroquias de la Reconquista cristiana. De estructura gótica, posee unos revestimientos interiores y pinturas barrocas muy bellos. El lunes, las solteras entran y salen del templo para pedir novio al santo. Después de su exigente restauración se promociona como la "capilla sixtina" valenciana.

Fotografía cedida y autorizada por la Iglesia de San Nicolás de Bari y San Pedro Mártir.

Teatro Talía ⓘ
C/ Caballeros, 31
Aquí actúan las compañías valencianas más reconocidas.

CALLE QUART

Vía moderna con edificaciones burguesas del siglo XIX y otros edificios más populares que albergaban antiguamente obradores de artesanos de la piel y tinte de tejidos.

PLAZA DEL TOSSAL

Tres calles confluyen en esta pequeña plaza de donde parten todas las rutas para conocer el Carmen. Centro indiscutible del ocio nocturno. En el subsuelo se encuentran restos de la muralla árabe del siglo XII.

Teatre El Micalet
C/ Guillem de Castro, 73

Espacio teatral gestionado por una sociedad musical.

AVE

Estación Joaquín Sorolla
C/ San Vicente Martir, 171 | Tel. 912 320 320

Estación Joaquín Sorolla del AVE y otras líneas interprovinciales.

ERMITA DE SANTA LUCÍA

Se levantó en el siglo XV junto a la Puerta de los Inocentes de la antigua muralla. Formaba parte del conjunto del antiguo Hospital.

MUSEO DE LA SEDA

Velluters es el barrio donde se concentró la industria de la seda. El colegio del Arte Mayor de la Seda, del siglo XV, en la calle Hospital, ofrece una visita muy interesante. ℹ

JARDINES DEL ANTIGUO HOSPITAL

En este espacio se abrió uno de los primeros manicomios de Europa (1409), convertido después en conjunto hospitalario donde se realizaban estudios universitarios de Medicina. Tras su derribo en 1960 se ha creado una zona verde, con restos arquitectónicos y nuevos contenedores culturales.

EL PILAR

Iglesia de estilo barroco evolucionado que formaba parte de un desaparecido convento dominico. Está situada en la plaza central del barrio.

Centro de Artesanía

C/ Hospital, 7

Imprescindible para conocer la tradición artesana valenciana de la madera y el cartón.

MUSEO VALEN-CIANO DE LA ILUSTRACIÓN Y LA MODERNIDAD (MuVIM)

Gu llermo Vázquez Consuegra

En un edificio de nueva planta, el MuVIM está dedicado a historiar los medios de comunicación entre los siglos XVIII y XXI atendiendo a la imprenta, la fotografía, el diseño, la publicidad, el net-art, etc. Depende de la Dipuación de Valencia. En su tienda librería se encuentran interesantes libros de regalo.

EDIFICIO DE SAN CARLOS BORROMEO

Histórico conjunto de propiedad eclesial, vinculado al antiguo Hospital, transformado hoy en centro universitario de estudios de medicina.

BIBLIOTECA PÚBLICA PROVINCIAL

Ocupa las naves con bóveda de crucero de la antigua enfermería del hospital. Interesante arquitectura renacentista.

Parque Natural de la Albufera
Centro de Interpretación Racó de l'Olla
Tel: (+34) 963 868 050
http://albufera.valencia.es

Albufera · El Palmar

Barraca valenciana ▼

¿Sabías que...?

Los cronistas del Imperio romano describieron la Albufera como un lago nueve veces más grande que el actual.

PARQUE NATURAL DE LA ALBUFERA

Constituye una inmensa zona húmeda especializada en el cultivo del arroz y es un hábitat imprescindible de las aves migratorias que durante el año pasan del norte de Europa al norte de África y en sentido inverso. Situado al sur de Valencia, es de titularidad pública, gestionado por trece ayuntamientos. Después de muchos siglos reservado a coto de caza de los monarcas, en el siglo XIX fue donado al municipio. Entre sus campos y barracas se desarrollaba el drama rural *Cañas y barro* escrito por Blasco Ibáñez.

Las torres de apartamentos que existen en medio de los pinos fueron autorizados por la Administración franquista de los años 60. Pero la presión popular obligó a declarar la zona como parque público y a prohibir la concesión de licencias de construcción.

SUPERFICIE

El parque está gestionado por la Generalitat valenciana y tiene competencias en 21.000 hectáreas. El lago de agua dulce, que se comporta como si fuera un auténtico mar interior, está separado del Mediterráneo por un cordón de dunas y pinares. Valencia se encuentra a 10 kilómetros.

◀ Garza Real (*Ardea cinerea*)

El billete del Bus Turístic Albufera incluye un paseo en barca de media hora aproximadamente.

PUESTA DE SOL

El momento más espectacular del parque es durante las horas del crepúsculo (*poqueta nit*, en valenciano).

La carretera general y el embarcadero son los lugares más idóneos para disfrutar con este espectáculo de colores de la naturaleza valenciana. Muchos pintores y fotógrafos han inmortalizado esos instantes.

AUDIOGUÍA

Podemos descargar en nuestro dispositivo toda la información necesaria para descubrir el Parque Natural de la Albufera. En el Centro de Interpretación Racó de l'Olla también se prestan reproductores de MP3.

→ Audioguía Albufera

PASEO EN BARCA

En el embarcadero los pescadores de la Albufera ponen a disposición del público sus barcas para poder pasear por los canales del lago observando su fauna y riqueza botánica. Todavía existe la barca impulsada por la vela latina y la percha apoyada sobre el fondo del lago.

! **¿Sabías que...?**

*La zona central del lago recibe el nombre de "lluent",
que significa luminoso, el que recoge más luz solar.
Los poetas árabes por eso lo describieron como espejo del sol.*

CENTRO DE INTERPRETACIÓN RACÓ DE L'OLLA

El parque posee un centro de observación de las especies que anidan en esta zona húmeda. Asimismo el visitante puede conocer en las antiguas caballerizas los datos principales del parque expuestos en paneles informativos y materiales audiovisuales.

▲ Martín pescador (*Alcedo atthis*)

▲ Acequia Nova

AVES MIGRATORIAS

La Albufera es una de las principales paradas de descanso de las aves migratorias que recorren cada año África y Europa en un largo viaje de ida y vuelta buscando el calor.

▶ Calamón (*Porphyrio porphyrio*)

▲ Archibebe (*Tringa totanus*)

▶ Zampullín (*Tachybaptus ruficollis*)

CANALES

Tres canales o *golas* (bocas) conectan el lago con el mar para renovar el agua dulce o tomar agua marítima. Las *golas* se llaman Puchol, Perellonet y Perelló. Con estas compuertas se regula el nivel de agua en el parque.

MANANTIALES

Llamados en valenciano *ullals*, abastecen de agua dulce y limpia al parque. Hay unos 50, y en ellos sobreviven los peces autóctonos en peligro de extinción,

el *samaruc* (samarugo) y el *fartet*. La anguila también se cría en el lago. Los ríos Turia y Júcar aportan asimismo agua al parque.

El litoral del parque está ocupado por playas de arena. La más frecuentada es la del Saler. Corresponden a la restinga que unió las desembocaduras de los ríos Turia y Júcar con los materiales arrastrados.

GASTRONOMÍA

En El Saler y El Palmar hay numerosos restaurantes para degustar una buena paella y otras especialidades de la gastronomía valenciana, como el *all i pebre*, las anguilas, los mejillones o el marisco fresco.

All i pebre y paella

ARROZALES

En el extenso marjal del parque natural se cultiva arroz. Muchos de esos campos corresponden a zonas aterradas, que antes estaban cubiertas por el lago. Gracias a un cuidado sistema de subida y descenso del nivel del agua, los campos quedan inundados para hacer crecer la simiente del arroz.

▲ Recogida tradicional del arroz

CAMPO DE GOLF

En una de las zonas situadas más al sur se encuentra un campo de golf, considerado de los mejores de España por su entorno y calidad del césped. Es posible alojarse en el Parador del Saler.

▲ El Palmar

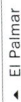

ALMUDÍN
Pl. de San Luis Bertrán, 1
Tel. 963 525 478
www.visitvalencia.com
De martes a sábado,
de 10 a 14 h y de 15 a 19 h.
Domingos y festivos,
de 10 a 14 h.

ARCHIVO HISTÓRICO
PALACIO DE CERVELLÓ
C/ Tetuán, 3
Tel. 963 525 478
www.visitvalencia.com
De martes a sábado,
de 10 a 14 h y de 15 a 19 h.
Domingos y festivos,
de 10 a 14 h.

ATARAZANAS DEL GRAO
Pl. J.A. Benlliure, s/n
Tel. 962 084 299
www.visitvalencia.com
De martes a sábado,
de 10 a 14 h y de 15 a 19 h.
Domingos y festivos,
de 10 a 14 h.

AYUNTAMIENTO
Pl. del Ayuntamiento, 1
Tel. 963 525 478
www.valencia.es

BASÍLICA DE LA VIRGEN
DE LOS DESAMPARADOS
Pl. de la Virgen, s/n
Tel. 963 919 214
www.basilicadesamparados.org
De lunes a domingo, de
7,30 a 14 h y de 16,30 a 21 h.

BIOPARC
Av. Pío Baroja, 3
Tel. 960 660 526
www.bioparcvalencia.es
Abierto todos los días del año.
De martes a sábado,
Abre a las 10 h del año.
Domingos y festivos,
17 h y 21 h según la época
del año.

BOMBAS GENS
CENTRE D'ART
Av. de Burjassot, 54
Tel. 963 463 856
www.bombasgens.com
De miércoles a domingo,
de 11 a 14 h y de 16 a 19 h.
Entrada gratuita.

CAIXAFORUM VALENCIA
Ciutat de les Arts
Edificio Ágora
Tel. 960 901 960
www.caixaforum.org

CASA MUSEO
BLASCO IBÁÑEZ
C/ Isabel de Villena, 159
Tel. 962 082 586
www.casamuseoblascoibanez.es
De martes a sábado,
de 10 a 14 h y de 15 a 19 h.
Domingos y festivos,
de 10 a 14 h.

CASA MUSEO
CONCHA PIQUER
C/ Ruaya, 23
Tel. 963 485 658
https://cultural.valencia.es
De martes a sábado,
de 10 a 14 h.

CASA MUSEO BENLLIURE
C/ Blanquerías, 23
Tel. 963 911 662
www.visitvalencia.com
De martes a sábado,
de 10 a 14 h y de 15 a 19 h.
Domingos y festivos,
de 10 a 14 h.

CATEDRAL
Pl. de la Reina, s/n
Tel. 963 918 127
www.catedraldevalencia.es
De lunes a sábado
10,30 a 17,30 h. Domingos
y festivos, de 14 a 17,30 h.

CENTRO ARQUEOLÓGICO
DE LA ALMOINA
Pl. Décimo Junio Bruto, s/n
Tel. 962 084 173
www.visitvalencia.com
De martes a sábado,
de 10 a 19 h. Domingos
y festivos, de 10 a 14 h.

CENTRO CULTURAL
BANCAIXA
Pl. de Tetuán, 23
Tel. 962 645 840
www.fundacionbancaja.es

CENTRO CULTURAL
EL MUSICAL
Pl. del Rosario, 3
Tel. 963 085 691
www.teatreelmusical.es

CENTRO CULTURAL
LA BENEFICENCIA
MUSEO DE PREHISTORIA
C/ Corona, 36
Tel. 963 883 579
www.labeneficencia.es
De martes a domingo,
de 10 a 20 h.

CENTRO DE CULTURA
CONTEMPORÁNEA
OCTUBRE
C/ San Fernando, 12
Tel. 963 157 799
www.octubre.cat

CENTRO DE
INTERPRETACIÓN DEL
P. N. DE LA ALBUFERA
RACÓ DE L'OLLA
Ctra. del Palmar (CV-500)
Tel. 963 868 050
www.parquesnaturales.gva.es
De martes a domingo,
de 10 a 14 h y de 15 a 19 h.
Domingos y festivos,
de 10 a 14 h.

CRIPTA ARQUEOLÓGICA
DE LA PRISIÓN DE SAN
VICENTE MÁRTIR
Pl. del Arzobispo, 1
Tel. 962 084 573
www.visitvalencia.com
De martes a sábado,
de 10 a 14 h y de 15 a 19 h.
Domingos y festivos,
de 10 a 14 h.

GALERÍA DEL TOSSAL
Pl. del Tossal, s/n
Tel. 962 084 403
www.visitvalencia.com
De martes a sábado, 16 a 19 h.
Festivos, de 10 a 14 h.

HEMISFÈRIC
Ciutat de les Arts
Tel. 961 974 686
www.cac.es
Horario de proyecciones,
de 11 a 20 h.
Es recomendable consultar
la página web.

IGLESIA DE SAN NICOLÁS
DE BARI Y SAN PEDRO
MÁRTIR
C/ Caballeros, 35
Tel. 963 913 317
Consultar horarios.
www.sannicolasvalencia.com

IVAM
INSTITUTO VALENCIANO
DE ARTE MODERNO
C/ Guillem de Castro, 118
Tel. 963 176 600
www.ivam.es
De martes a domingo,
de 10 a 19 h.
Viernes de 10 a 21 h.

JARDÍN BOTÁNICO
C/ Quart, 80
Tel. 963 156 800
www.jardibotanic.org
Abre a las 10 h y cierra
entre las 18 h y las 21 h según
la época del año.
Servicios: tienda, biblioteca,
excursiones y exposiciones
temporales.

LA LONJA / LA LLOTJA
Pl. del Mercado, s/n
Tel. 962 084 153
www.visitvalencia.com
De lunes a sábado,
de 10 a 19 h. Domingos
y festivos, de 10 a 14 h.
Servicios: cada domingo
exposiciones de filatelia
y numismática.

MIGUELETE / MICALET
Pl. de la Reina
Tel. 963 918 127
www.catedraldevalencia.es
De lunes a domingo,
de 10 a 19 h.